BEI GRIN MACHT SICH IHR WISSEN BEZAHLT

- Wir veröffentlichen Ihre Hausarbeit,
  Bachelor- und Masterarbeit

- Ihr eigenes eBook und Buch -
  weltweit in allen wichtigen Shops

- Verdienen Sie an jedem Verkauf

Jetzt bei www.GRIN.com hochladen
und kostenlos publizieren

Eine SWOT-Analyse für die TSG 1899 Hoffenheim

Bibliografische Information der Deutschen Nationalbibliothek:

Die Deutsche Nationalbibliothek verzeichnet diese Publikation in der Deutschen Nationalbibliografie; detaillierte bibliografische Daten sind im Internet über http://dnb.d-nb.de abrufbar.

ISBN: 9783346486592
Dieses Buch ist auch als E-Book erhältlich.

Druck und Bindung: Books on Demand GmbH, Norderstedt Germany
Gedruckt auf säurefreiem Papier aus verantwortungsvollen Quellen

Das vorliegende Werk wurde sorgfältig erarbeitet. Dennoch übernehmen Autoren und Verlag für die Richtigkeit von Angaben, Hinweisen, Links und Ratschlägen sowie eventuelle Druckfehler keine Haftung.

Das Buch bei GRIN: https://www.grin.com/document/1126818

Deutsche Hochschule für

Prävention und Gesundheitsmanagement

Hermann Neuberger Sportschule 3

66123 Saarbrücken

Einsendeaufgabe

Fachmodul:	Sportmarketing
Studiengang:	Sportökonomie
Datum Präsenzphase:	12.10.2020 – 15.10.2020

Inhaltsverzeichnis

1 SWOT-Analyse

Die SWOT-Analyse ist eine strategische Analysemethode in welcher die Analysepunkte „Strengths" (Stärken), „Weaknesses" (Schwächen), „Opportunities" (Chancen) und „Threats" (Risiken) behandelt werden. Nach Schumann (2019, S. 48) gilt es 3 Teilschritte durchzuführen:

1. die Analyse und Bewertung der vorhandenen Ressourcen (Stärken-Schwächen-Analyse),
2. die Analyse der Unternehmensumwelt (Chancen und Risiken),
3. die Erstellung einer SWOT-Matrix.

1.1 Stärken-Schwächen-Analyse

In der folgenden Tabelle werden die Stärken und Schwächen des Fußballvereins TSG 1899 Hoffenheim illustriert.

Tab. 1: Stärken und Schwächen TSG 1899 Hoffenheim

Stärken	Schwächen
Sportlicher Erfolg in der Fußball Bundesliga sowie bei internationalen Wettbewerben	Finanziell abhängig von Investor Dietmar Hopp
Erfolgreiche Nachwuchsförderung über die TSG-Akademie	Kein gutes Image („Kein Traditionsverein")
Modernes Trainingszentrum unterstützt durch technologische Innovationen der Firma SAP (z.B. „Helix)	Nur mäßige Vereinsbekanntheit

Die wohl größte Stärke der TSG 1899 Hoffenheim findet sich im zurzeit sportlichen Erfolg des Vereins wieder. Nach dem finanziellen Einstieg von Dietmar Hopp 1989 spielte sich der Verein von der Kreisliga bis zur Bundesliga hoch und das in einem bemerkenswerten Abstand von nur 18 Jahren. In der Bundesligasaison 2017/2018 konnte der bislang größte sportliche Erfolg erreicht, der 3. Tabellenplatz und die somit daraus folgende direkte Qualifikation für die UEFA Champions League, den größten europäischen Wettbewerb. In den vergangenen Bundesligaspielzeiten etablierte sich die TSG 1899 Hoffenheim als eine Mannschaft der oberen Tabellenhälfte. Innerhalb der letzten 5 Jahre qualifizierte sich der Verein insgesamt in drei von vier Bundesligaspielzeiten für einen europäischen Wettbewerb und steht derzeit in der Saison 2020/2021 nach dem 3. Spieltag mit 6 Punkten auf Rang 3. Ein weiterer wichtiger Aspekt der TSG Hoffenheim welcher als Stärke anzusehen ist, ist die Nachwuchsförderung über die TSG-Akademie. Bestehend aus 3 Zentren versucht der Verein mit der TSG-Akademie nicht nur eine sportliche Perspektive zu bieten, sondern ebenso die soziale Kompetenz und das schulische Potenzial der Jugendspieler voranzutreiben. Die Philosophie der Nachwuchsförderung wird durch das Konzept „Hoffenheim-Mentalität" ausgetragen. Hierbei werden die Werte Teamfähigkeit, Widerstandsfähigkeit, Echtheit und Eigeninitiative großgeschrieben. Diese Werte sollen sowohl auf dem Platz als auch im echten Leben verinnerlicht werden. In den 3 verschiedenen Zentren haben die Jugendspieler die Möglichkeit die Stationen von der U11-Mannschaft bis hin zum Profiteam der TSG Hoffenheim zu durchlaufen. Der Deutsche Fußball Bund und die Deutsche Fußball Liga vergaben der TSG-Akademie bei ihrer bundesweiten Zertifizierung von Leistungszentren die Höchstwertung, was ebenso für eine sehr erfolgreiche Nachwuchsarbeit des Vereins spricht. Des Weiteren gilt es das moderne Trainingszentrum mit seinen technologischen Innovationen als eine Stärke des Vereins zu betrachten. Durch die enge Partnerschaft mit dem Unternehmen SAP gelingt es dem Verein in Kooperation mit SAP stetig neue und moderne Trainingsmöglichkeiten zu entwickeln. Es werden Produkte entwickelt welche die Leistungsdiagnostik, Leistungsentwicklung und Leistungsteuerung steigern sollen. Eines dieser Produkte ist der „Footbonaut", eine Art Ballwurfmaschine welche die Reaktions- und Handlungsschnelligkeit verbessert. „Helix" ist ein weiteres durch die SAP unterstütztes Trainingsprodukt, hierbei werde auf einer Leinwand Spielszenen virtuell um den Betrachter herum erstellt. Dies steigert nicht nur das periphere Sehen sondern auch die Wahrnehmung und Konzentrationsfähigkeit der Spieler. Weitere Programme zur Speicherung und Verarbeitung von Spielerdaten ermöglichen es der TSG Hoffenheim den Trainingsprozess digital festzuhalten und somit einen einheitlichen und strukturierten Trainingsablauf zu durchlaufen. Als wohl größte Schwäche des Vereins ist die finanzielle Abhängigkeit vom Investor Dietmar Hopp zu nennen. Dieser zieht sich Jahr für Jahr immer mehr zurück und steuert finanziell nur noch einen kleinen Teil bei. Allerdings besitzt Hopp über 96 Prozent der Stimmrechte im Verein, was ihm zum Entscheidungsbevollmächtigten macht und den Verein automatisch in eine unselbstständige Abhängigkeit hineinzieht. Gerade weil die

TSG Hoffenheim nicht wie andere Bundesligavereine eine längere Bundesligavergangenheit aufweisen kann, leidet das Image des Vereins immer wieder unter dem Status kein Traditionsverein zu sein, sondern ein Investorengestützter Verein. Während kleinere Stadien als das der TSG Hoffenheim stetig ausverkauft sind, befindet sich die TSG Hoffenheim in sämtlichen Statistiken der Stadionauslastung im unteren Drittel mit meist nur 80-90% der vollen Auslastung. Fans von Traditionsvereinen neigen oftmals bei Auswärtsspielen in Hoffenheim dazu, Dietmar Hopp in der Öffentlichkeit mit Schmähplakaten zur Affäre zu ziehen. Das Image des Vereins sinkt dadurch erheblich, die Tendenz zeigt aber durch den vergangenen sportlichen Erfolg nach oben, weshalb eine Besserung des Images in den folgenden Jahren möglich sein kann. Zu guter Letzt gilt als eine weitere Schwäche des Vereins die geringe Vereinsbekanntheit. Zwar konnte sich die TSG Hoffenheim durch seine Qualifikationen für die europäischen Wettbewerbe seinen Namen international machen. Statistiken belegen allerdings, dass die TSG im Vergleich zu den anderen Bundesligakonkurrenten wie Borussia Dortmund, 1. FC Köln oder SC Freiburg eine geringere Vereinsbekanntheit besitzt.

1.2 Chancen-Risiken-Analyse

Tab. 2: Chancen und Risiken TSG 1899 Hoffenheim

Chancen	Risiken
Qualifikation für die UEFA Europa League	Verlust von Topspielern
Zunahme von Einnahmen durch Sponsoring	Investor Dietmar Hopp zieht sich zurück
Kommerzialisierung der Bundesliga	Konkurrenzvereine in der Bundesliga

Die TSG 1899 Hoffenheim hatte ein sehr erfolgreiches sportliches letztes Jahr hinter sich. Durch Platz 6 in der Bundesliga im vergangenen Jahr und die somit direkte Qualifikation an der UEFA Europa League, ist man in der aktuellen Saison an einem europäischen Wettbewerb von Anfang an in der Gruppenphase etabliert. In der aktuellen Saison steht die TSG Hoffenheim nach 4 Spielen auf dem 8. Tabellenplatz und beginnt die Saison somit recht durchwachsen mit 2 Siegen und 2 Niederlagen. Eine weitere Chance für die TSG 1899 Hoffenheim sind die steigenden Mehreinnahmen durch Sponsoring. Gerade durch die mediale Präsenz und die Beliebtheit der Sportart Fußball wird dieser Bereich von Unternehmen immer öfter genutzt um Sponsoringaktivitäten durchzuführen. Dadurch bildet sich für beide eine gewinnbringende Ausgangssituation um die eigenen Ziele zu erreichen. Das sponsernde Unternehmen kann seine Marketingziele erreichen

6

und die TSG Hoffenheim kann seiner finanziellen Unabhängigkeit ein Stück näher kommen oder seine sportlichen Ziele verwirklichen indem Transfers getätigt werden oder die Vereinsstruktur gestärkt wird. Die zunehmende Kommerzialisierung der Fußball Bundesliga bietet der TSG eine Chance für die Zukunft. Durch steigende TV- und Medienrechte können Mehreinnahmen generiert werden. Das Fernsehen hat sich zum Hauptschauplatz der Fußballszene entwickelt, gerade jetzt während der Coronakrise wo ein Stadionbesuch nicht in Aussicht ist. Das Interesse an Fußball wächst kontinuierlich, was sich natürlich auch positiv auf die Einschaltquoten im Fernsehen und somit auf die TV-Einnahmen für die Vereine auswirkt. Als ein Risiko für die TSG ist der Abgang und Verlust von Topspielern zu betrachten. Die TSG ist zwar kein Verein mehr welcher als „Sprungbrett" für die große Karriere genutzt wird, allerdings kann die TSG nicht mit dem finanziellen und spielerischen Angebot der Spitzenvereine wie Borussia Dortmund oder Bayern mithalten. In den vergangenen Jahren verlor die TSG Spitzenspieler aus den eigenen Reihen wie Niklas Süle oder Sebastian Rudy an Spitzenklubs wie den FC Bayern München. Auch Nico Schulz machte den Sprung zum Nationalspieler nichtmehr bei der TSG sondern bei Borussia Dortmund. Auch Kerem Demirbay wechselte nach Leverkusen zur Konkurrenz und Sandro Wagner zum FC Bayern München. Das Resultat: Die Leistungsträger der TSG Hoffenheim verabschieden sich meist ablösefrei in Richtung Bundesligakonkurrenz und hinterlassen Lücken die es immer wieder mit den vorhandenen finanziellen Mitteln zu füllen gilt. In Sachen finanzielle Möglichkeiten findet sich das nächste Risiko wieder. Der Hauptinvestor Dietmar Hopp, welcher den Verein groß gemacht und finanziell unterstützt und aufgebaut hat will sich immer weiter zurückziehen. Dies bedeutet finanziell muss die TSG immer mehr auf eigenen Beinen stehen, was nach über 20 Jahren finanzieller Unterstützung durch Dietmar Hopp eine risikoreiche und schwere Aufgabe bildet.

Das nächste Risiko spiegelt sich in den Konkurrenzvereinen der Bundesliga aber auch auf lokaler Ebene wider. Während die TSG wie bereits erwähnt seine Topspieler an die „großen Klubs" der Bundesliga wie Bayern München, Borussia Dortmund oder Bayer Leverkusen verliert, sind diese auch im Wettbewerb der Bundesliga als Konkurrenz anzusehen. Durch den erneuten diesjährigen Aufstieg des VFB Stuttgarts in die höchste deutsche Spielklasse ist nun wieder ein lokaler Konkurrent für die TSG auf Augenhöhe. Dies kann dazu führen, dass Unternehmen sich in Sachen Sponsoring umorientieren oder gar Fans die Farben wechseln und sich der Konkurrenz anschließen. Man teilt sich dasselbe Einzugsgebiet, auf wirtschaftlicher Ebene kann es somit zu einem Machtkampf oder einem „Imagekampf" kommen.

1.3 SWOT-Matrix

Tab. 3: SWOT-Matrix TSG 1899 Hoffenheim

	Chancen (Opportunities)	Risiken (Threats)
Stärken (Strengths)	S-O Strategien	S-T Strategien
	1. Durch den in den vergangenen Jahren erzielten sportlichen Erfolg in der Fußball Bundesliga und der daraus resultierenden Qualifikation für den europäischen Wettbewerb generiert der Verein Mehreinnahmen im Millionenbereich. 2. Da der Verein durch seine gute Jugendarbeit weitere Leistungsträger für sich ausbilden kann werden diese mit der zunehmenden Kommerzialisierung des Fußballs in Verbindung gebracht und bestens darauf vorbereitet. Somit können die Anforderungen auf den heutigen Fußballalltag professionell gemeistert werden.	1. Die Förderung der Nachwuchsarbeit sollte immer mehr in den Fokus rücken um teure Transfers von Neuzugängen zunehmend zu vermeiden. Durch die professionelle Ausbildung eigener Spieler könnten diese zu Leistungsträgern heranwachsen und hohe Transferausgaben zurückgeschraubt werden. Zudem würde das Ausgliedern des Investor Hopps keine fatalen wirtschaftlichen Folgen haben. 2. Durch das langfristige Binden eigener Talente könnte die sportliche Zukunft der TSG gesichert werden und ein womögliches Abwerben der Spieler durch Konkurrenzvereine vermieden werden.
Schwächen (Weaknesses)	W-O Strategien	W-T Strategien
	1. Das Qualifizieren für den europäischen	

	Wettbewerb leistet einen großen Anteil an der Steigerung der Bekanntheit des Vereins sowohl auf nationaler als auch auf internationaler Ebene. 2. Eine Imagestärkung oder gar Bildung einer eigenen Marke können durch die steigende Kommerzialisierung des Fußballs und die damit einhergehende Professionalisierung der TSG gewährleistet werden.	1. Die TSG sollte sich gezielt auf den finanziellen Ausstieg des Investors Dietmar Hopp vorbereiten und an einem Nachfolger oder finanzieller Unabhängigkeit arbeiten um das Erreichen der sportlichen Ziele für die Zukunft ermöglichen zu können. 2. Um zu vermeiden, dass Leistungsträger und Topspieler künftig zur Konkurrenz wechseln sollte sowohl das Trainingsangebot als auch Sportliche Angebot der TSG gesteigert werden um mehr Attraktivität zu erlangen.

2 Merchandising und Licensing

2.1 Wer

Um die bereits vorhandenen Ressourcen und die eigenen Stärken optimal nutzen zu können fällt die Wahl für das Geschäftsmodell des Volleyballvereins auf die Auslagerung betrieblicher Teilfunktionen. Dies bedeutet das sowohl die Konzeption als auch die Auswahl der Merchandisingartikel zum Aufgabenbereich des Vereins zählen und die Produktion ausgelagert wird da sonst zu viele Kosten anfallen würden und die Qualität womöglich darunter leiden könnte.

2.2 Was

Tab. 4: Beschreibung Fanartikelsortiment

Artikel	Sortimentsarchitektur	Beschreibung
Schals	Kernsortiment	In einheitlicher Größe, in den Vereinsfarben rot und blau. Schriftzug mit 30-jährigen Bestehen des Vereins und einseitiger Vereinslogobestickung.
Trikots	Kernsortiment	In Größen von XS-XXL und geschlechtsspezifisch. In Vereinsfarben rot und blau mit Vereinslogo auf Brusthöhe auf der Vorderseite des Trikots. Am linken Ärmel Verweis auf 30-jähriges Bestehen des Vereins und Jubiläumsedition.
Flaggen	Kernsortiment	Mit Vereinslogo, einheitliche Größe in den Vereinsfarben rot und blau mit Schriftzug auf Vorder- und Rückseite „seit 30 Jahren ein Verein".
Mützen	Kernsortiment	In Normalgröße und Kindergröße und in 2 verschiedenen Farben, einmal in rot mit blauem Vereinslogo und einmal in blau mit rotem Vereinslogo. Unter Vereinslogo Schriftzug „seit 30 Jahren ein Verein".
Gläser	Randsortiment	Gläser mit Vereinslogo und Schriftzug „seit 1987".
Schüsseln	Randsortiment	Schüsseln mit Vereinslogo auf Innenseite in der Mitte. Unter Vereinslogo der Schriftzug „seit 30 Jahren ein Verein".

2.3 Wem

Das Fanartikelsortiment soll für alle Vereinsanhänger in jeglicher Form ausgelegt werden. Sowohl für die internen Vereinsanhänger wie Vereinsmitglieder und -mitarbeiter,

Kooperations- und Geschäftspartner, sowie Sponsoren. Aber auch auf die externen Vereinsanhänger wie die Fans soll das Fanartikelsortiment selbstverständlich ausgelegt sein. Die im Kernsortiment enthaltenen Fanartikel wie Mützen, Trikots, Schals und Flaggen sollen Vereinsidentifikation ausstrahlen und somit für die Fans und deren Kinder mit hoher Kaufbereitschaft produziert werden. Die im Randsortiment enthaltenen Gläser und Schüsseln sollen mehr den erwachsenen und älteren Vereinsanhängern verkauft werden.

2.4 Bedingungen

Tab. 5: Preisliste Fanartikel

Fanartikel	Preis in Euro
Schals	17,99 EUR
Trikots	45,99 - 55,99 EUR
Mützen	12,99 EUR
Flaggen	15,99 EUR
Schüsseln	8,99 EUR
Gläser	2,99 EUR

Da es sich beim Verkauf der angebotenen Artikel um exklusive und einzigartige Produkte des Jubiläumsjahres handelt, entscheiden sich die für den Verkauf verantwortlichen Mitarbeiter des Volleyballvereins für eine Premiumpreispolitik. Des Weiteren soll eine hohe Produktqualität zusätzlich für die Preisrechtfertigung sorgen. Um den Verkauf anfangs anzutreiben wird es eine einmalige Rabattierung von 10% genau 30 Tage vor dem Jubiläum bis eine Woche vor dem Jubiläum auf alle Artikel des Jubiläumssortiments geben. Eine Woche vor dem Sortiment, in welcher die größten Verkaufszahlen erwartet werden, werden die Produkte wieder zum Normalpreis angeboten. Diese Preise gelten dann für die ganze Saison bis kurz vor dem Saisonende. Am Saisonende soll es, um den Restbestand des Sortiments möglichst zu verkaufen, eine Rabattierung von 40 % auf alle Produkte geben.

2.5 Kanäle

Es werden vom Volleyballverein drei verschiedene Wege zum Vertrieb des Sortiments gewählt. Zum einen werden für den Eigenvertrieb Verkaufsstände vor, während und nach dem Spielbetrieb aufgebaut und zum anderen ein Onlineshop über die Website des Vereins eingerichtet, auf welchem die Produkte ebenso angeboten werden sollen. Um eine externe Vertriebsmöglichkeit als Verkaufskanal anbieten zu können, sollen anliegende Sportläden die Artikel verkaufen, was den Vorteil bietet das diese gute Erfahrung in Sachen Verkauf und Vertrieb von Sportartikeln mit sich bringen.

2.6 Begleitmaßnahmen

Da der Volleyballverein gute Verbindungen zur Stadtzeitung hat, soll diese in mehreren Ausgaben dazu genutzt werden, das exklusive Fanartikelsortiment zu bewerben. Dies soll einerseits durch die Vereinsgeschichte welche Woche für Woche als eine Art „Countdown" in mehreren Artikeln aufgebaut wird geschehen und andererseits durch eine klassische Werbeanzeige der Fanartikel darunter. Ein zweiter Weg der Kommunikation den der Verein gehen will ist die Bewerbung über den regionalen Radiosender mit einem kurzen Spot im Zeitraum des Verkaufsstarts bis zum Jubiläum.

2.7 Zeitraum

Die Bewerbung der Produkte über die verschiedenen Kommunikationswege Radio und Zeitung soll 2 Monate vor dem Jubiläum starten um Vorfreude als Kaufemotion auslösen zu können. Verkaufsstart der Produkte soll 30 Tage vor dem Jubiläum sein um die Vorfreude der Vereinsmitglieder und sonstigen Interessenten möglichst optimal für den Verkauf der Produkte ausnutzen zu können. Während der Saison werden die Fanartikel auf dem Onlineshop der Website, in den umliegenden Sportläden und exklusiven Verkaufsständen am Spielbetrieb verkauft. Am Saisonende soll mit einer vierzigprozentigen Rabattierung ein Ausverkauf des Sortiments stattfinden.

3 Digitalisierung

3.1 Darstellung des Vereins

Tab. 6: Darstellung jugendorientierter Verein

Vereinsangebot	Ringen (Leistungssport)
Mitgliederzahl	2500
Anzahl bezahlter Mitarbeiter	5
Anzahl ehrenamtlicher Mitarbeiter	30

3.2 Zielgruppe der App

Tab. 7: Zielgruppen und Marketingziele

Zielgruppe	Marketingziele
Fans	1. Mehr Identifikation und Bindung der Fans mit dem Verein. 2. Höhere Zuschauerzahlen durch höheren Bekanntheitsgrad.
Vereinsmitglieder	1. Verbesserung der Organisation im Verein (z.B. bei Vorbereitung Halle vor Wettkampftag), durch gestärktes Vereinsleben. 2. Aufbau eines Teamgebildes, in welchem Vereinsmitglieder, Trainer und Ringer besser miteinander agieren.

3.3 App-Inhalte

Tab. 8: Inhalte der App

Themen	Mehrwert für Kunden	Mehrwert für User
Fanshop	- Zusätzliche finanzielle Einnahmen durch Eigenvertrieb - Onlinevermarktung und somit auch Steigerung des Bekanntheitsgrades	- Fanartikel bequem von zuhause aus bestellen - Möglichkeit des finanziellen Supports für den Verein als Fan

Liveticker und Highlightvideos	- Schnellere Veröffentlichung der Spielergebnisse - Bessere emotionale Bindung der Vereinsmitglieder durch wiederholen der besonderen Momente in den Highlightvideos	- Spiele können auch außerhalb des Spielgeschehens verfolgt werden - Wiederholtes Aufrufen besonderer Spielmomente durch Highlightvideos möglich
Spieler- und Trainersteckbriefe	- Spieler und Trainer haben die Möglichkeit sich persönlich vorzustellen - Vereinsmitglieder lernen das Vereinsleben besser kennen und können sich besser mit dem Verein identifizieren	- Entstehung einer emotionalen Bindung zu Spielern und Trainergespann - Informationen zu den einzelnen Vereinsakteuren
Newsletter	- Verbreiten wichtiger Informationen und News an Fans und Vereinsmitglieder auf digitaler Ebene - Verbesserter Einblick ins Vereinsleben für die Fans und somit mehr Identifikation der Fans mit dem Verein	- Immer auf dem Neusten Stand bezüglich wichtiger Informationen, Änderungen oder Transfers rund um den Verein - Möglichkeit an Informationen über eine weitere Quelle neben Printmedien und Verbaler Kommunikation zu gelangen

3.4 Chancen und Risiken

Tab. 9: Chancen und Risiken der App

Chancen	Risiken
1. Bessere Vereinskommunikation Der Verein kann auf moderne Art die Kommunikation zwischen Fans und Verein verbessern und somit auch	1. Zielgruppenorientiert Nicht alle Vereinsanhänger sind mit der digitalen Welt und deren Möglichkeiten vertraut. Somit würde die App

eine bessere Vereinsidentifikation der Fans mit dem Verein und andersherum schaffen. 2. Werbeportal nach außen Die Einführung der App ermöglicht dem Verein sein Vereinsbild nach außen für Sponsoren interessant zu machen und somit auch neue Kooperationspartner zu gewinnen. Dies würde die Einnahmen mit neuen Sponsorenverträgen erhöhen.	vermutlich nur den jüngeren Teil der Vereinsanhänger ansprechen, die ältere Generation kann je nach Interesse nur geringfügig was mit einer App anmachen. 2. Datenschutz Die Verarbeitung persönlicher Daten birgt heutzutage in der digitalen Welt ein großes Risiko, dies sollte den Nutzern möglichst bewusst gemacht werden. Zum Schutz der Nutzer sollten nur die nötigsten persönlichen Daten aufgenommen werden.

3.5 Erhöhung Bekanntheitsgrad

1. Vorstellung der App während des Spielbetriebes um die Fans zu erreichen.

2. Die sozialen Medien des Vereins nutzen um die App in einem kurzen Video mit den App-Inhalten vorzustellen (Twitter, Instagram, Facebook).

3. Link mit Download der App auf der Homepage registrieren und als Pop-Up beim öffnen der Seite einmalig einblenden.

4. Printmedien wie Vereinszeitung oder regionale Zeitung als Werbeplattform für die App mit Bild bekannter Spieler nutzen.

4 Sponsoring

4.1 Beschreibung des Unternehmens

„Sports Mineraldrink" ist ein Unternehmen, welches sich auf mineralhaltige Erfrischungsgetränke für den Konsum während und nach dem Sport spezialisiert hat. Das Unternehmen steht für eine natürliche Herstellung und einen nur minimalen Zusatz von chemischen Zusatzstoffen. Durch Herstellung von Sirup kann in Verbindung mit Wasser ein mineralhaltiges Erfrischungsgetränk mit geringem Aufwand erzeugt werden. Des Weiteren verfügt „Sports Mineraldrink" über eine große Auswahl an verschiedenen Geschmacksrichtungen in seiner Produktpalette. Versorgt werden sollen Hobby- und Leistungssportler in allen Sportarten mit den Getränken des Unternehmens. Als Markenzeichen gilt das schlichte rot/weiß-Design der Plastikdosen in welchem sich der Sirup befindet. Der Hauptsitz der Firma liegt in der Kreisstadt Ludwigsburg, welche knapp über 90000 Einwohner besitzt (Statistisches Landesamt Baden-Württemberg, 2019). In der Stadt Ludwigsburg findet dieses Jahr ebenso das jährliche Laufevent im Frühjahr mit einer Teilnehmerzahl von 3500 statt. Als Zielgruppe des Unternehmens lassen sich sportbegeisterte und gesundheitsbewusste Personen identifizieren. Überwiegend verkauft das Unternehmen seine Produkte über die 2 regionalen Shops in Ludwigsburg selbst, von welchem einer direkt an der Produktionsfirma liegt. Aber auch digital über den Onlineshop werden einige Produkte verkauft. Einer der Kommunikationskanäle die „Sports Mineraldrink" für den Verkauf nutzt ist das Sponsoring. Ebenso nutzt das Unternehmen aber auch bereits die Social-Media-Plattformen wie Facebook und Instagram um seine Produkte zu bewerben, indem bekannte Sportler der Region eine gratis Kostprobe erhalten worüber dann ein Beitrag mit einem Bild erstellt wird. Aber auch über Werbebanden bei den regionalen Sportvereinen kommuniziert das Unternehmen seine Produkte nach außen.

4.2 Phasen des Sponsorings

4.2.1 Festlegung der Ziele

Tab. 10. Zielgrößen

Kognitive Ziele	Affektive Ziele
- Verbesserung des Bekanntheitsgrades sowohl des Unternehmens als auch seiner Produkte - Im Umkreis mehr Kenntnisse über Herstellungsmerkmale der Produkte schaffen, besonders das nahezu natürlich und fast ohne Zusatzstoffe produziert wird	- Mehr Vertrauen und Akzeptanz bei den Menschen in der Umgebung schaffen - Das vorhandene Image weiterhin pflegen und weiter aufbauen und verbessern

4.2.2 Schnittmengenanalyse der Zielgruppen

Tab. 11: Schnittmengenanalyse

Zielgruppe „Sports Mineraldrink"	Zielgruppe „Laufevent"	Schnittmenge

- Sportbegeisterte Menschen	- Sportbegeisterte Menschen	- Sportbegeisterte Menschen
- Männlich & weiblich	- Männlich & weiblich	- Männlich & weiblich
- Hobbysportler	- Hobbysportler	- Hobbysportler
- Leistungssportler	- Leistungssportler	- Leistungssportler
	- Jeden Alters	

4.2.3   Sponsoring-Einzelmaßnahmen

1. Verlosung durch Gewinnspiel

Jeder Teilnehmer darf eine Karte mit seiner Startnummer bei der Anmeldung abgeben, welche dann in den Topf der Hauptverlosung von 10 verschieden zusammengestellten Produktsets der Firma „Sports Mineraldrink" kommt.

2. Logopräsenz

Das Logo der Firma wird auf den Flyern für das Laufevent, auf den Startnummern der Läufer und dem Zielband zu sehen sein.

3. Streckenverpflegung während des Laufs

Die gesamte Getränkeverpflegung wird von „Sports Mineraldrink" zur Verfügung gestellt und während des Laufs von Mitarbeiter der Firma am Seitenrand verteilt.

4. Werbepräsente

Bei Anmeldung erhält jeder Läufer eine Trinkflasche mit dem Logo der Firma „Sports Mineraldrink" sowie eine 30% Rabattgutschrift auf den nächsten Einkauf.

5. Unterhaltungsangebot

Für die jüngeren Zuschauer wird ein kleiner Hindernisparcour aufgebaut den es zu absolvieren gilt, hier übernehmen die Aufsicht Mitarbeiter der Firma „Sports Mineraldrink". Bei Absolvierung erhält jedes Kind ein Schweißband mit dem Unternehmenslogo drauf.

4.2.4   Erfolgskontrolle des Sponsorships

Am Ende des Laufevents soll eine Erfolgskontrolle erfolgen, welche analysieren soll wie sehr das Sponsoring das Unternehmen zu seinen psychologischen und ökonomischen Zielen herangeführt hat. Dafür werden zunächst Fragebögen am Ende der Veranstaltung verteilt, welche die Zufriedenheit mit den angebotenen Produkten und der Veranstaltung an sich hinterfragt. Ebenso telefonische Befragungen ermöglichen eine möglichst ausführliche Schlussfolgerung über den Erfolg des Sponsorships auf kognitiver Ebene. Aus ökonomischer Sicht werden die Verkaufszahlen vor dem Event mit denen 3-12 Monate nach dem Event verglichen und ausgewertet um festzustellen ob sich eine erneute Beteiligung im darauffolgenden Jahr lohnen würde.

5 Literaturverzeichnis

Brecht C. (2020). *TSG 1899 Hoffenheim: Erfolgreiche Nachwuchsförderung durch Spitzentechnologie*. Zugriff am 25.10.2020. Verfügbar unter https://news.sap.com/germany/2020/05/hoffenheim-nachwuchsfoerderung/

Frommert C. (2020). *Von der Gründung bis heute*. Zugriff am 25.10.2020. Verfügbar unter https://www.tsg-hoffenheim.de/tsg/der-club/historie/

Frommert C. (2020). *TSG ist Bewegung*. Zugriff am 26.10.2020. Verfügbar unter https://www.tsg-hoffenheim.de/tsg/der-club/tsg-ist-bewegung/

Frommert C. (2020). *TSG Akademie Imagebroschüre*. Zugriff am 26.10.2020. Verfügbar unter https://www.tsg-hoffenheim.de/assets/Downloads/aebbe921a1/Web_5649_2019_TSG_Akademie_Imagebrosch_2020.pdf

Hirte J. (2009). *Das Phänomen Hoffenheim- eine Analyse von Konzept und Leistungsvoraussetzung des Modells 1899 Hoffenheim*. Zugriff am 26.10.2020. Zugriff unter https://monami.hs-mittweida.de/frontdoor/deliver/index/docId/69/file/Bachlorarbeit.pdf

Schumann O. (2019). *Studienbrief Sportmarketing*. Saarbrücken: Deutsche Hochschule für Prävention und Gesundheitsmanagement.

Statistisches Landesamt Baden-Württemberg (2019). *Einwohnerzahl Ludwigsburg*. Zugriff am 26.10.2020. Verfügbar unter https://de.wikipedia.org/wiki/Ludwigsburg#cite_note-Metadaten_Einwohnerzahl_DE-BW-1

Zeppenfeld, B. (2020). *Umfrage Stadionauslastung der aktuellen Bundesligavereine*. Zugriff am 27.10.2020. Verfügbar unter https://de.statista.com/statistik/daten/studie/164159/umfrage/stadionauslastung-der-aktuellen-bundesligavereine/

Zeppenfeld, B. (2019). *Umfrage Bekanntheit der Fußball Bundesligisten*. Zugriff am 27.10.2020. Verfügbar unter https://de.statista.com/statistik/daten/studie/457028/umfrage/bekanntheit-der-fussball-bundesligisten/

BEI GRIN MACHT SICH IHR WISSEN BEZAHLT

- Wir veröffentlichen Ihre Hausarbeit,
  Bachelor- und Masterarbeit

- Ihr eigenes eBook und Buch -
  weltweit in allen wichtigen Shops

- Verdienen Sie an jedem Verkauf

Jetzt bei www.GRIN.com hochladen und kostenlos publizieren